春天

chūntiān

spring

夏 天

xiàtiān

summer

秋天

qiūtiān

autumn

冬天
dōngtiān

4.

winter

暖和

nuǎnhuo

5.

warm

热

rè

hot

凉快

liángkuai

cool

冷

lěng

cold

晴天

qíngtiān

sunny

下雨
xià yǔ

rain.

下雪

xià xuě

snow

刮风 guā fēng

windy

阴天
yīntiān

cloudy

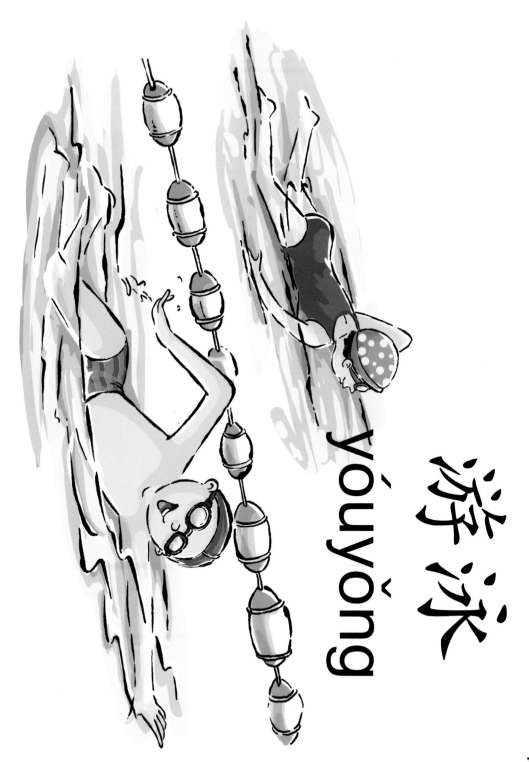

游泳
yóuyǒng

swim

打乒乓球

dǎ pīngpāngqiú

play

table tennis

打棒球

dǎ bàngqiú

play

baseball

打网球

dǎ wǎngqiú

17.

play tennis

打篮球
dǎ lánqiú

play

basketball

滑冰
huá bīng

skate

唱歌儿

chàng gēr

sing

跳舞

tiào wǔ

dance

画画儿

huà huàr

draw a picture

玩儿电子游戏

wánr diànzǐ yóuxì

play

electronic games

看电影

kàn diànyǐng

see a movie

听音乐

tīng yīnyuè

listen to

the music

巧克力

qiǎokèlì

chocolate

饼干

bǐnggān

biscuits.

薯片儿

shǔpiànr

chips.

冰淇淋

bīngqílín

ice cream

汉堡包

hànbǎobāo

hamburger

糖

táng

candy

三明治

sānmíngzhì

sandwich

苹果

píngguǒ

apple

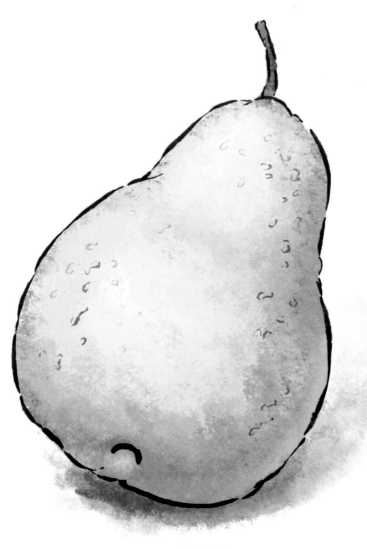

梨

lí

pear

香蕉

xiāngjiāo

banana

西瓜

xīguā

watermelon

菠萝

bōluó

pineapple

历史
lìshǐ

history

数学

shùxué

maths

英语

Yīngyǔ

English

体育

tǐyù

PE

汉语

Hànyǔ

Chinese

地理

dìlǐ

geography

吃饭
chī fàn

have a meal

看报纸
kàn bàozhǐ

read a

newspaper

睡觉

shuìjiào

sleep

洗澡

xǐzǎo

have

a shower

写作业

xiě zuòyè

do homework

上网

shàng wǎng

surf the Internet

前

qián

front

后
hòu

back

左

zuǒ

left

右

yòu

right.

书店

shūdiàn

bookstore

飞机

fēijī

plane

火车

huǒchē

train

轮船

lúnchuán

ship.

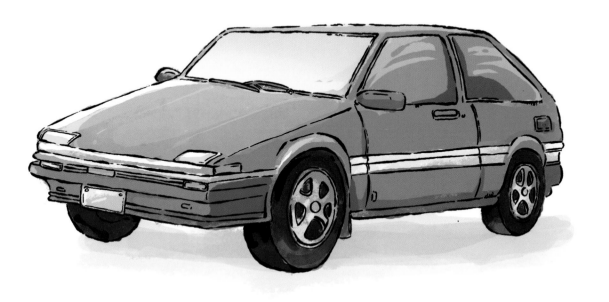

汽车

qìchē

car

自行车
zìxíngchē

bike

蛋糕

dàngāo

cake

礼物

lǐwù

gift

杯子

bēizi

cup

手表

shǒubiǎo

watch

娃娃

wáwa

doll

生日卡

shēngrikǎ

birthday card

春节

Chūn Jié

Spring Festival

圣诞节

Shèngdàn Jié

Christmas

看爷爷和奶奶

kàn yéye hé nǎinai

68.

see my grandpa

and grandma

看朋友

kàn péngyou

see my friend

新年

xīnnián

New Year